LETTRE
D'UN ORIGINAL
AUX AUTEURS
TRÉS-ORIGINAUX
DE LA COMÉDIE
TRÉS-ORIGINALE
DES PHILOSOPHES.

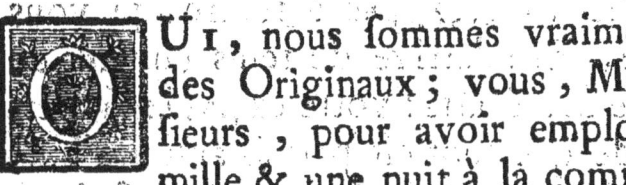UI, nous sommes vraiment des Originaux; vous, Messieurs, pour avoir employé mille & une nuit à la composition d'une piéce, qui, tout au moins, répand un sale vernis sur le Théatre de la Nation; & moi, pour avoir couru risque d'être suffoqué à différentes représentations, afin de m'empresser à

A ij

vous faire part de mes observations. Car sçachez, Messieurs, que, quoique je ne sois pas de la classe des *Socrates* de nos jours, ni de celle des *Aristophanes*, je me repais avec plaisir des productions des uns & des autres. Le vrai & le beau ont toujours le droit de plaire; le ridicule, même le laid & le difforme ont quelquefois celui d'amuser.

Quel moyen plus sûr de vous immortaliser? quelle preuve plus éclatante de votre zéle & de votre courage? que cette ligue offensive que vous avez formée contre les Philosophes; que ce tribunal d'inquisition littéraire que vous avez érigé, & pour la perfection duquel il ne vous manque plus que le pouvoir des *Auto-da-fé*.

Ne trouvez pas à redire, je vous prie, s'il m'arrive de tems en tems de faire des écarts: votre exemple me persuade que tout est permis aujourd'hui, à certaines choses près: il m'est donc bien libre ou d'enchaîner mes idées, ou de les présenter en désordre.

Je dois commencer d'abord par vous rendre un compte sincère de ce dont j'ai été témoin; & (entre nous soit dit) on

LETTRE

D'UN ORIGINAL

AUX AUTEURS

TRÉS-ORIGINAUX

DE LA COMÉDIE

TRÉS-ORIGINALE

DES

PHILOSOPHES.

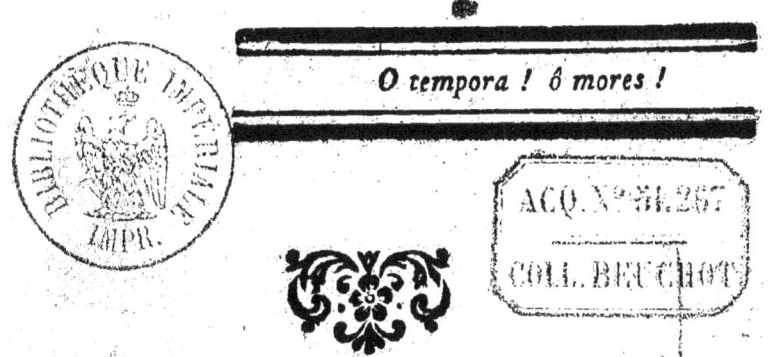

O tempora ! ô mores !

A BERLIN.

M. DCC. LX.

ne conçoit presque rien au goût de la Nation, il ne semble caractérisé que par les bizarreries : c'est ce que je prouverai ensuite.

Aux repréſentations auxquelles j'ai aſſiſté, le flux & le reflux convulſifs du parterre m'ont tranſporté dans vingt eſpaces différens : au contraire de bien des gens qui s'en plaignoient, j'en étois fort aiſe ; pouvoit-il y avoit rien de plus piquant pour ma curioſité que tous ces propos variés, qui frapoient à chaque inſtant mes oreilles ?

Ici j'avois les flancs ſerrés par un aimable petit collet occupé à lorgner les Dames, & à répéter ſes leçons de minauderie : par un jeune homme à plumet frapant des pieds & des mains, enragé du ſilence de l'orcheſtre & de ne pas voir lever la toile : d'un autre côté un garçon Apothicaire, que les ſecrets de ſon art n'avoient pas encore guéri d'une indigeſtion de la veille, parce qu'il avoit, dit-il, ſoupé en partie fine: devant moi un maître Boucher de la taille de S. Chriſtophe, qui garantiſſoit ma vue du trop grand éclat des lumieres.

Là je me trouvois près d'un éléve de

S. Côme, qui sur le ton gascon promettoit à un Poëte d'extirper gratis, & dans trois fois vingt-quatre heures, jusqu'au germe du mal qui le tourmentoit: d'un petit maître manqué qui, en fredonnant un air & s'efforçant à faire un entrechat, heurta la jambe d'un Musicien, qui le donna à tous les diables avec l'orchestre.

Ailleurs j'étois accompagné d'un artisan embarrassé de son épée : d'un apprentif marchand qui, passant en revue les ajustemens brillans des loges, calculoit à l'oreille de ses voisins les sommes dont le marchand n'étoit pas payé: d'un Provincial qui, extasié de ce qu'il voyoit pour la premiere fois, ne s'apperçut que vers le milieu de la piéce qu'on lui avoit escamoté sa montre ; & qu'il fouloit son chapeau à ses pieds : d'un Peintre à demi yvre qui, étouffé de chaleur, trouvoit à redire en jurant, qu'on n'introduisit pas la coutume de distribuer à boire au parterre.

Plus loin, j'avois, à ma droite, un personnage de petite taille que je ne pus deviner, & que je me gardai bien de questionner; parce que j'avois eu le le malheur de déranger avec mon coude l'architecture de sa perruque ; ce qui lui fit froncer le sourcil, en me regardant de profil depuis le haut de la tête jusqu'à la garde de mon épée : à ma gauche, un autre personnage, qu'à son air atrabilaire je reconnus pour Anglois; & qui, frappé de m'entendre balbutier quelques mots de sa langue, m'honora de sa conversation dans les entre actes.

Après avoir suivi quelque temps, avec une scrupuleuse attention, les différentes mines que fit cet Anglois : » Je » devine, lui dis-je, que cette piece » n'est pas trop de votre goût : car elle » s'accorde assez mal avec vos princi- » pes & vos mœurs. Cette production » Françoise me ravit, repartit-il. Cet » aveu vous étonne, comme je vois. » N'en pénétrez-vous pas le sens ? » C'est que ma nation acquiert un dé- » gré de supériorité sur la vôtre. Pré- » tendre détruire la philosophie, c'est » faire revivre la crasse ignorance & la » stupidité de nos peres. Mais, désho- » norer personnellement les philoso- » phes ! c'est le comble de la bassesse & » de l'infamie. Et je parie cent guinées » que quiconque, dans mon pays s'avi- » seroit de prôner un tel ouvrage, seroit

A iv

» à l'inſtant lapidé ou anéanti ſous les
» coups de poing. On ſçait, lui-dis-je,
» que chez vous autres Inſulaires, les
» leçons de cette ſorte de phyſique ex-
» périmentale ſont aſſez fréquentes.
» Quant à moi, ma façon de penſer &
» d'agir, m'eſt un ſûr garant que je ne
» ne courrois pas riſque d'en recevoir
» de ſemblables. »

Satisfait de mes ſentimems, il re‑
nouvella ſon attention pour certains
paſſages de la piéce, qui lui arrache‑
rent tout à coup ces mots en bon fran‑
çois : » ah ! quelle impudence ! quelle
calomnie ! quel ſcandale !

Excuſez, Meſſieurs, de telles expreſ‑
ſions ; vous les trouverez peut-être un
peu trop énergiques & mal ſonnantes,
mais je n'en ſuis que l'écho : & le croi‑
riez vous ? qu'un étranger donna peut-
être le ton à la plus ſaine partie du par‑
terre: on n'entendit plus en effet, preſque
de toute part, que de ſourdes exclama‑
tions auſſi flatteuſes.

Vous aviez cependant des partiſans,
& en grand nombre, (preuve de ce que
j'ai dit plus haut du goût de la Na‑
tion) & ils pratiquoient à la lettre ce
que vous dites des Philoſophes dans un
cas ſemblable.

Mais nous ferons un bruit à rendre les gens
    sourds.

Un petit événement ne contribua pas peu à rallentir leurs applaudissemens, j'en fus même la cause innocente; je l'avoue.

Certain homme, à qui les mains devoient cuire depuis longtemps, & qui paroissoit donner le branle au reste de vos admirateurs, faisoit sans relâche ce petit exercice. A un coup de main des plus bruians, je le priai de me répéter un vers que je n'avois pû entendre : pour satisfaire à ma demande, tout déconcerté qu'il me parut, il eut recours à un inconnu, qui lui repliqua franchement : ʺ Eh ! de quoi, diable, ʺ vous avisez-vous donc, de faire un ʺ tel tapage, quand vous ne comprenez peut-être rien à la piéce ? Bon ! ʺ dit un autre d'un air ricaneur, ne ʺ voyez-vous pas que M. est gagé pour ʺ cela. ʺ Jugez, Messieurs, de l'effet qu'a pû faire cette petite Scéne passée entre trois ou quatre personnes.

ʺ Ne rougissez-vous point ʺ disoit quelqu'un, d'un air imposant, à un jeune homme qui étoit à côté de lui, ʺ de prodiguer vos applaudissemens à

» des choses aussi révoltantes ? «

On rapporte aussi quelques paroles, qui ne sont pas moins humiliantes pour vous que pour ceux à qui elles ont été adressées ; elles sont d'une Actrice des plus célébres. » N'est-il pas bien hon-
» teux pour vous, » dit-elle, » d'avoir
» joué des gens dont les mœurs sont
» irréprochables : aussi ne croyez pas
» que je prétende avoir part au béné-
» fice de cette piéce. «

Enfin, dussé-je attacher à cette lettre la même vertu qu'ont vos productions, & les Nouvelles E**. & le Journal de T**. Mortel à son principal auteur ; j'ai dessein de ne pas quitter la plume de sitôt.

Voici donc le plan de la piéce en peu de mots, je ne sçais si je l'ai bien saisi.

Damis, jeune officier, aime Rosalie, & il en est aimé. Cydalise, mere de Rosalie, s'étoit d'abord proposé d'unir ces deux amans : mais le goût qu'elle prend pour la Philosophie change son humeur & ses sentimens ; & elle se détermine à donner sa fille à Valere, l'un des Philosophes qui fréquentoient sa maison. Frontin déguisé sous le nom de Carondas, & que Valere avoit placé en qualité de secrétaire chez Cydalise, appuie ses prétentions. Elles sont traversées par Crispin, Valet de Damis, & de Marton, Suivante de Cydalise. Le hazard d'une porte ouverte leur met en main un billet de Valere à Carondas, rempli de railleries impertinentes contre Cydalise. La lecture qu'elle en fait est le coup décisif; elle chasse les Philosophes, & se décide enfin en faveur de Damis.

La piéce paroit assez dénuée d'intrigues & d'intérêts; si on en excepte quelques vers harmonieux, ce n'est qu'un tissu de fades épisodes & d'horreur. Les sentimens les plus dénaturés y sont mis dans un jour dangereux: les avantages précieux de la Philosophie y sont considérés sous le point de vue le plus méchant: en un mot, on a pris à tâche de déshonnorer des personnes dignes de l'estime universelle.

Souffrez, Messieurs, que, pour prouver combien au contraire vous vous êtes dégradés vous-mêmes, j'analyse quelques traits des plus brillans de cette Comédie, sans faire mention de ceux que vous avez fort bien fait de supprimer dans les commencemens.

ACTE I.
SCENE I.

MARTON *parlant à* DAMIS.

Vous êtes Officier,
Notre projet n'eſt pas de nous méſallier ;
Nous voulons un mari taillé d'une autre étoffe,
Un mari Philoſophe.

Quel langage, Meſſieurs, faites-vous tenir à cette Suivante ? Les exemples que nous avons ſous les yeux, ne vous en déplaiſe, démentent l'incompatibilité que vous ſemblez établir de la profeſſion des armes avec la Philoſophie.

Peut-être dans trois mois verrons-nous d'autres choſes,
Mais juſques-là néant.

A ce dernier mot on a entendu la voix d'un Poëte au parterre, qui s'écrioit qu'il convenoit à votre piéce.

[*En citant les Philoſophes.*]
Tous charlatans adroits & flatteurs agréables,
Mutato nomine, de te fabula narratur.

SCENE II.

Ah! la Philosophie endurcit trop les cœurs.

L'amour & la charité caractérisent un cœur tendre : que votre cœur, Messieurs, soit susceptible de la passion qui est commune à tout être pensant ou végétant ! Je le crois bien : mais que la charité, cette vertu que vous méconnoissez chez les Philosophes, soit votre partage ! Je n'en crois rien : feriez-vous donc demi Philosophe malgré vous ?

C'est un mal répandu dans toute la maison,
Et dont, à mon avis, la source est dans la Lune.

La pensée est vraiment comique, peut-être aussi en avons-nous l'obligation aux influences de cette planette sur votre cerveau.

SCENE III.

Comparant l'amour avec la haine.

La haine n'est qu'ardeur & que vivacité,
L'un abat, l'autre anime; &, dans un cœur
femelle,
Ma foi, je la croirois beaucoup plus naturelle.

Plaisantez-vous, Messieurs ? Où en auriez-vous fait la malheureuse expérience ? Quoi qu'il en soit, ce vice semble encore bien plus naturel aux beaux esprits de votre classe.

SCENE V.

CYDALISE à ROSALIE.

Je ne consulte point ce sentiment vulgaire,
Amour de préjugés, trivial, populaire,
Que l'on croit émané du sang qui parle en nous,
Et qui n'est dans le fond qu'un mensonge assez doux,
Une foiblesse.

Si je vous aime enfin, c'est en qualité d'être,
Mais vous concevez bien qu'un autre individu
N'auroit à mes bontés qu'un droit moins étendu.

Si j'ai sur vous aussi quelques droits à mon tour,
J'en exclus le hazard qui vous donna le jour.

Quel langage ! au plutôt quelle fureur pour décrier des hommes aussi dignes d'admiration, tant par leurs talens supérieurs, que par leurs vertus morales ! Les Philosophes que vous attaquez ne méconnoissent point les droits de la nature, puisque leurs ouvrages, leur conduite ne respirent que la douceur, la tendreſſe, l'humanité & la reconnoiſſance. Toute leur Philoſophie eſt fondée ſur la nature même. Pourquoi donc leur attribuer une barbarie qui ne ſe trouve pas dans les bêtes féroces. Ce n'eſt que dans des cœurs faits comme les vôtres que peuvent naître de tels ſentimens, & il faut être naturellement méchant & inhumain pour avoir la force & le talent de les expoſer, comme vous l'avez fait, dans ces vers qu'on a même horreur de répéter.

En parlant de ſon mari.

Grimpé ſur la Magiſtrature

Que cette expreſſion eſt noble!

Un pere n'eſt qu'un homme, & l'on peut ſenſement
Remarquer ſes défauts, en parler librement.

Belle leçon pour la jeuneſſe! Un Philoſophe, ce me ſemble, ſe contenteroit de dire : » remarquer ſes défauts en vue de les éviter, & ſe taire. «

ACTE II.
SCENE I.
CARONDAS.

J'avois toujours pensé que les Loix avoient tort.

La nécessité des Loix n'est fondée que sur la perversité des hommes. Tel est le langage des Philosophes. Sans cela, en effet, existeroient-elles ?

VALERE,
Le beau titre Que l'avis d'une folle !

L'accueil qu'une Dame respectable fait aux gens à talens, quels qu'ils soient, la met à l'abri d'une pareille insulte.

En parlant du Public.
Parmi les animaux échappés au déluge, Je doute qu'il en fût un plus sot.

Le Juvénal françois a dit à peu près la même chose, mais *non licet omnibus adire Corinthum.*

CARONDAS.
D'accord : mais Il faut l'apprivoiser, le flatter.

VALERE

VALERE.

Non, jamais ;
Il est pour le gagner des méthodes plus sures.

On lui dit des injures.
Quelques-uns de ces traits, qu'on se dit à l'oreille,
Au Public hébété, feront crier merveille.

» Comment donc ! « s'écria mon
» Anglois », il me paroît que les Au-
» teurs sont bien familiers avec le Pu-
» blic ; en effet, on lui dit des inju-
» res : sçavez-vous bien que cela seul
» suffiroit en certaine occasion pour
» ensanglanter le Théâtre de Londres.
» Mais « lui répondis-je en riant » le
» Public ici pousse l'indulgence jusqu'à
» la pitié : il n'y a que les personnali-
» tés qui, hors-de-là, rapportent quel-
» quefois aux Auteurs des nazardes &
» autres bagatelles semblables. «

CARONDAS.

Tout devient donc permis !

VALERE.

Excepté contre nous & contre nos amis.

CARONDAS.

Quoi ! M., l'intérêt seul doit être écouté !

B

VALERE.
La Nature en a fait une néceſſité.

La franchiſe eſt la vertu d'un ſot.

Tous les biens
Devroient être communs ; mais il eſt des moyens
De ſe venger du ſort, on peut avec adreſſe
Corriger ſon étoile, & c'eſt une foibleſſe
Que de ſe tourmenter d'un ſcrupule éternel.
Quoi ! traître ; me voler !

CARONDAS.

Non, j'uſe de mon droit ;
Je deviens Philoſophe.

Avis au Public qui juſqu'aujourd'hui ignoroit ſans doute que la ſociété des Philoſophes fût une académie de filouterie : les voilà enfin affichés pour d'honnêtes fripons ; & il ne reſte plus qu'à les avancer d'un pas, pour les faire atteindre à la gloire des *Cartouches*, des *Rafiats*, & des *Mandrins*.

SCENES III & IV.

Jeune homme, prens & lis.

Chacun ſçavoit déjà que ces mots, d'une ſimplicité énergique, ſe trouvent une fois au commencement de l'interprétation de la nature par M. D**. Mais afin qu'on ne puisse les oublier, ils ont été répétés sept fois dans ces deux Scénes avec l'emphase la plus ridicule.

SCENE V.

Damis parlant des Philosophes.

Je ne prens point pour tels un tas de Charlatans,
Qu'on voit sur des trétaux ameuter les passans,
Qui mettent une enseigne à leur Philosophie.

On prétend que sans y penser vous vous êtes donnés ici vous-mêmes en spectacle.

De l'un d'entr'eux.

Malgré son ton capable & son air hypocrite,
Je ne fus point tenté de croire à son mérite ;
Et je ne vis en lui, d'après tout ce tableau,
Qu'un Auteur assez bon dans un rôle à manteau.

Comment pourroit-t-on être Tartuffe & Philosophe ? Les notions que l'on a de l'un & l'autre prouvent qu'il ne peut gueres y avoir de contraste plus fort : j'en appelle à l'univers, comme avoit coûtume de faire le R. P. C**.

CYDALISE.

Je croyois aux esprits, j'avois peur du tonnerre.

B ij

Quoi ! Cydalife n'auroit pas toujours conservé les mêmes sentimens ? Une femme se mettre au niveau des esprits forts ! Mais, en vérité, cela est étrange ; & (entre nous soit dit, MM.) ne doit-on pas en conscience proscrire la Physique comme le reste de la Philosophie ?

DAMIS.

Ce mot d'humanité ne m'en impose guère,
Et par tant de fripons je l'entends répéter.

On a jugé ne pouvoir trop répéter que les Philosophes n'étoient que des fripons, afin que le Public en soit convaincu à n'en pas revenir.

Et prête un beau dehors à leur avidité.

L'on peut être avide de belles actions & de l'estime publique, avide de plaisirs, avide d'argent. Par exemple moi, chetif Auteur que je suis, je n'ai pû resister à la démangeaison de faire imprimer cette lettre qui n'auroit dû être connue que de vous. *Auri sacra fames !*

D'aimer le genre humain, mais pour n'aimer personne.

Chérir tout l'Univers, excepté leurs enfans.

Il n'y a rien à comprendre ici, &

l'on n'y voit qu'une abſurdité monſtrueuſe.

De petits importans
Qui, pour avoir un ton, enrolés dans la ſecte,
Penſent avoir perdu leur qualité d'inſecte.

Ne ſe réveillant pas aux traits de la ſatyre,
Et ne devinant rien à ces éclats de rire,
Dont en tous lieux pourtant on les voit pourſuivis ;

Il eſt ici queſtion d'éclats de rire ; ſçavoir aux dépens de qui MM. ? Mais ont reconnoit gueres à ces coups de pinceau ceux que vous avez voulu peindre.

J'en prévois pour les mœurs d'étranges cataſtrophes,
Et je ſuis allarmé de tant de Philoſophes.

Ce que rapporte M. de V**. en certain endroit occaſionne en effet des réflexions à ce ſujet.

» Qu'eſt-ce que des Philoſophes ? «A dit une grande dame. Un homme grave a répondu. » Madame ce ſont des gens
» de ſac & de corde, qui examinent
» dans quelques lignes d'un livre en
» vingt volumes in-folio, ſi les atômes

» font infécables ou fécables ; fi on
» penfe toujours quand on dort ; fi
» l'ame eft dans la glande pinéale ou
» dans le corps calleux ; fi l'âneffe de
» Balaam étoit animée par le Diable,
» felon le fentiment du R. P. B**, &
» autres chofes femblables, capables
» de mettre le trouble dans les con-
» fciences timorées des Tailleurs fcru-
» puleux de Paris, & des pieufes Re-
» vendeufes à la toilette, qui ne man-
» queront pas d'acheter ce livre, & de
» le lire affidûment.

Crédule eft devenu l'équivalent du fot.

Cela fe rencontre vrai quelquefois, & c'eft fuivant les objets.

J'ai mon avis, Madame, & fi je leur déplais, J'en gémis, mais fur eux.

Héraclite gémiffoit, pleuroit fur la conduite des hommes ; *Démocrite* en rioit : ils étoient en cela des foux uniques dans leur efpéce ; ne fuivant, je crois, que leur penchant naturel, fans prétendre opérer des merveilles : encore le dernier avoit-il pris le meilleur parti, fans avoir peut-être le même objet qu'*Arlequin*. *Ridendo caftigat mores.*

Je crois ce qu'il faut croire ;
J'ose le déclarer, je le dois, j'en fais gloire.

C'est fort bien fait ; & c'est encore mieux fait, quand on pratique ce que l'on fait si hautement profession de croire.

Et souvent la bêtise a fait des incrédules.

Et plus souvent encore elle a fait des crédules. L'histoire de tous les temps en porte la conviction, & nous devons nous estimer heureux de vivre dans un siécle aussi éclairé que le nôtre.

Ils ont l'art de détruire ;
Mais ils n'élevent rien

Il est vrai que les Philosophes ont l'art de détruire : mais quoi ? une multitude de mensonges & de préjugés ridicules ; non pas les dogmes de la vraie religion, ni la morale : il est vrai encore qu'ils n'élevent rien de ce qui porte le caractère du fanatisme & de la persécution ; &, (pour me servir des termes de M. de V**). Ils cultivent en paix la raison & les lettres.

ACTE III.

SCENE I.

CRISPIN.

Animal à la fois misantrope & cynique,
C'étoit vraiment un fou dans son espèce
    unique.

On prétend (ce que j'ai peine à croire) que ceci regarde M. de M**, Philosophe en effet, dont la mémoire est si honorée chez tous les peuples, & particulierement chez les Anglois.

SCENE III.

Cette scéne, qui se passe entre les Philosophes, n'est qu'un tissu de fades complimens qu'on leur prête entr'eux, de sentimens odieux sur le compte de Cydalise; & qui finit par une querelle de pédans grossiers, qu'un des Philosophes tâche de calmer ainsi.

Il n'est pas question, Messieurs, de s'estimer;
Nous nous connoissons tous ; mais du moins la
    prudence
Veut que de l'amitié nous gardions l'appa-
    rence.

S'il étoit vrai qu'ils ne se bornassent qu'à l'apparence de l'amitié (dont personne ne connoît pourtant mieux le prix, ainsi que des autres vertus sociales), ils causeroient moins de scandale que ceux qui mordent à belles dents des gens, dont il auroit été décent de ne combattre que les opinions philosophiques par un raisonnement ou sérieux ou enjoué.

SCENE IV.

Celle-ci n'est pas moins fade que la précédente. Les Philosophes y font le métier de vils adulateurs auprès de Cydalise, ce qui s'accorde mal avec l'orgueil qu'on leur prête. Ils y parlent des affaires des Rois avec le ton le plus méprisant : langage qui n'est propre qu'à ces esprits, qui, selon les circonstances, cessent d'être oisifs pour devenir turbulens, & qui joignent à ce ton celui de la partialité.

Voici un trait d'un ridicule remarquable :

Fi donc ! c'est se borner que d'être citoyen.

Etre citoyen, c'est un devoir qui n'est assûrément pas inconnu aux Philosophes, car ils le tiennent pour très-essentiel. Mais ce même devoir dispense-t-il donc le François de considérer (sans préjudice à sa patrie) le Lapon comme son semblable ? Ce sont ces mêmes Philosophes (suivant ce que j'ai lû quelque part), qui sont encore plus hommes que sçavans, & qui employent leur sçavoir à défendre les droits de l'humanité.

CYDALISE.

Et si l'on peut parler sans fausse modestie,
Excepté vous & nous, je ne découvre rien
Qui puisse être l'objet d'un honnête entretien.

Voilà, si je ne me trompe, une platitude à laquelle il n'y a rien à dire.

CYDALISE.
Et le Public.

VALERE.
Vraiment, il décide en oison.

Public sot ! public hébété ! public oison !

Ne doutez pas, MM., qu'il ne vous témoigne dans l'occasion une reconnoissance qui réponde à un tel panégyrique.

Tant de petits auteurs qui par orgueil nous
   louent,
Que je suis assuré qu'avec un peu d'encens
Nous leur ferions à tous abjurer le bon sens.

J'en ferois la gageure.

Mon Anglois, toujours prêt à parier suivant la coutume de son pays, dit qu'il s'offroit d'être de moitié de la gageure contre les Auteurs de la Piéce, s'il arrivoit dès le lendemain à ces mêmes Philosophes de leur donner de l'encens.

SCENE VII.

CYDALISE.

Pour moi, je goûterois une volupté pure
A nous voir tous rentrer dans l'état de nature.

Que cette image a de charmes! qu'elle est séduisante! Elle a de quoi plaire à la moitié de l'espéce humaine : il n'y a que quelques ames timorées qui puissent s'en scandaliser.

SCENE IX.

CRISPIN *allant à quatre pattes.*

Offre une attitude qui s'accorde peu

avec les bienséances du Théâtre National : de plus, il défigure son rôle par un excès de politesse, en portant la main au chapeau pour saluer l'assemblée des Philosophes.

C'est avec cette indécence, que l'on joue M. R** de G**, Philosophe que vous avez interprété, MM., suivant vos idées singulieres.

Mais ne rapportons ici qu'un passage qui cadre, à peu de chose près, avec le sentiment de Cydalise.

J'ai cru que des habits devoient être commodes,
Et rien de plus : encor dans un climat bien chaud......

Le reste est sousentendu, & ce tableau n'est guères moins riant que l'autre.

SCENE X.

Un billet déshabuse Cydalise, elle chasse les Philosophes. Mais il faut observer que, quoique certains de ne pouvoir se justifier, ils ont la complaisance de rester à la lecture qu'elle fait du billet, ensuite d'essuyer de sa part une assez longue tirade de reproches honteux : après quoi ils prennent très-humblement congé par cette exclamation ; *Ah ! malheureux !*

Ou ce papier étoit un talifman qui les retenoit malgré eux, opinion que je vous confeille d'infinuer au Public ! ou vous êtes forcé de convenir tacitement qu'il ne peut guères y avoir de dénouement, qui choque davantage la vraifemblance. Car il n'y a pas, j'imagine, autant de gloire à refter en but à un propos outrageant, qu'à attendre un ennemi de pied ferme.

SCENE DERNIERE.

A la fin de cette fcène on s'applaudit d'avoir démafqué les faux fages, en refpectant les vrais.

Craignez, Meffieurs, que votre difcernement n'ait fait un terrible fauxbond : que le Public équitable tôt ou tard ne juge que vous vous êtes mépris à votre honte : ou que du moins il ne vous compare aux harpies de la fable, qui corrompoient tout ce qu'elles touchoient.

Cette lettre, Meffieurs, ne vous paroîtra peut-être pas amufante, encore moins nécessaire : de quel droit effectivement vous écrivai-je avec tant de franchise, puisque je n'ai pas l'avantage d'être en aucune liaison avec vous : mais telle est ma manie ; je cherche sans cesse à faire de nouvelles connoissances, sur-tout parmi les personnes d'une certaine volée. Prenez-vous en donc à la célébrité de votre nom : heureux ! si vous daigniez seulement me faire réponse, ce me seroit un brevet pour l'immortalité, & qui flatteroit presqu'autant mon orgueil, que si vous me faisiez monter sur la scène à mon tour.

J'ai l'honneur d'être avec un étonnement incompréhensible de vos talens, &c.

Mai 1760.

www.ingramcontent.com/pod-product-compliance
Lightning Source LLC
Chambersburg PA
CBHW060616050426
42451CB00012B/2278